HIJA DEL CARBÓN

ZARAGOZA, 2024

RARA AVIS

MARISOL JULVE

HIJA DEL CARBÓN

© Marisol Julve
© de esta edición: Los libros del gato negro
© del prólogo: Nacho Escuín
© de la fotografía de cubierta: SIYAMA9
© de la fotografía de la autora: Gonzalo Montón
Muñoz

info@loslibrosdelgatonegro.com
www.loslibrosdelgatonegro.com

Impresión: INO Reproducciones, S.A.

1ª edición: Zaragoza, febrero de 2024
1ª reimpresión: Zaragoza, julio de 2024

ISBN: 978-84-127221-3-0
DEPÓSITO LEGAL: Z 378-2024
(Impreso en España)

Esta obra ha sido publicada con la ayuda del Departamento de Presidencia, Interior y Cultura del Gobierno de Aragón.

PRÓLOGO AL LIBRO DE UNA POETA DE VERDAD

Nacho Escuín

Todos vivimos varias vidas en una. En algunas las cosas van bien y, en otras, no tanto. En la vida que ahora vivo tengo la suerte de haber conocido a Marisol Julve y su poesía. Para ella la literatura es una parte esencial de la vida, podríamos decir que desde una estética absolutamente vitalista y romántica abraza una manera de entender las cosas que va de lo personal a lo universal. Mis autores favoritos son siempre los que son capaces de vivir así en sus libros y de llenarlos de la presencia y los versos de tantos autores que han admirado.

A lo largo de unos cuantos meses he podido disfrutar de algunos de los poemas que aparecen en estas páginas en los recitales en los que ha participado la autora que aquí nos ocupa. Me sorprendieron tanto entonces como me interesan ahora que puedo deleitarme con su lectura una y otra vez. La poesía de Marisol Julve merece ser leída en más de una ocasión, degustada en diferentes momentos en los que los avatares vitales nos lleven a diferentes estados de ánimo. Su poesía crece y acompaña, y uno no puede evitar verse reflejado en sus textos de tal manera que parecen propios. Este libro genera una estupenda sensación de cercanía, de pertenencia, posee la capacidad de extrapolar sus emociones a las del lector de tal manera que se configuran como propias.

Uno de los asuntos que más ha preocupado a innumerables autores es el de la identidad, y en este poemario aparece como uno de los grandes temas sobre los que orbitan los demás asuntos tratados. El origen de la autora, el lugar donde nace la propia voz, es algo tan esencial que ocupa el título del propio poemario. El camino que se recorre en este libro está lleno de idas y vueltas, como hace el mar, nos recuerda la poeta.

Así como el frío y la nieve forman parte de la idiosincrasia del lugar del que venimos, los poemas y los libros configuran el de Marisol Julve. También el silencio habita en ellos, ese que es tan necesario para quien lee sin parar y luego escribe, ese espacio mágico generado por la autora y que impregna todos los rincones de sus poemas y de nuestros hogares al leerlos.

Acaso el amor es el otro de los pilares desde los que se construye este libro. Como autora profundamente influida por el romanticismo y sus diferentes reformulaciones nos plantea una forma de sentir al límite, a mi juicio quizá la única forma posible de hacerlo. También hay poemas al amor perdido, al desamor, incluso, pero estos sin el menor ápice de desesperanza, siempre con la mirada puesta en esa fuerza imparable del que ha de llegar. La voz que emerge de los poemas canta que siempre «mira para arriba», el lugar en el que habitan los sueños.

Hija del carbón es también un viaje al pasado (a la memoria) en el que todos podemos acompañar a su autora. Es también un canto a la muerte y a los que esta se ha llevado, y al dolor y al vacío que tras su paso lo asola todo. El miedo al abismo que reside en el propio ser emerge entonces de los poemas y se localiza en el centro de todas las emociones, en el corazón mismo de la poeta.

Marisol Julve, con «la mirada tiznada de negro», rinde homenaje al lugar de donde viene y a quienes lo hicieron posible en este estupendo libro construido de pequeños pedazos del alma, repleto de verdad y también de las contradicciones propias de la vida. Su voz madura y firme no rehúye la paradoja y afronta con decisión la difícil tarea de mostrarse ante el mundo sin trampa, sin simulacros absurdos, sin el menor atisbo de impostura.

La poeta se vacía en cada uno de estos versos, se presenta ante los lectores con un libro marcado por sus lecturas, todo el peso de la tradición poética bien digerida y una apuesta personal e intransferible que nadie debería perderse.

Desdichados,
poca ganancia es la vuestra
si nunca habéis perdido nada.
Yo sí he perdido:
yo tengo, como el náufrago,
toda la tierra esperándome.

Francisca Aguirre

Para mis días pido,
Señor de los naufragios,
no agua para la sed, sino la sed,
no sueños
sino ganas de soñar.

Piedad Bonnett

Todos los caminos
conducen a ti, amoR

Quemar los puentes

Tengo que olvidarte
aunque me cueste la vida.

Aunque no haga otra cosa
invertiré todo mi tiempo
que será necesario,
mas no sé si suficiente.

Aunque no haga otra cosa
tengo que sacarte de mi mente
aun a riesgo de que esta se quede vacía
como la mirada que ha perdido la vida.

Aunque no haga otra cosa
tengo que desoírte para oírme de nuevo.
Cambiar la dirección del viento
romper las flechas de las lanzas
invertir el rumbo, caminar hacia delante.

Emprender el viaje de vuelta hacia mí,
deshacer la madeja de todo lo que tejí
        contigo,
viendo todo lo vivido replegarse
por el espejo del retrovisor.

Aunque no haga otra cosa
tengo que olvidarme para olvidarte.
Borrarme para borrarte.
Tengo que desdecirme para decirme que:
debo quemar todos los puentes
y cual Meleagro
ver desde la orilla
cómo el tizón arde.

Harakiri, lo llaman los japoneses:
desentrañamiento.
Matarse para no ser derrotado por
        el enemigo.

Patti Smith buscaba una palabra
para cuando deja de latir un corazón.
Yo busco una,
para cuando un corazón que ha muerto,
aún sigue latiendo.

Y aunque,
todos los caminos conducen a ti, amoR,
        ya nunca llegaré a Roma.

Siempre miro para arriba

Cuando paso por allí
siempre miro para arriba.
Para ver si cuelga tu camisa
u ondea al viento tu pelo,
por aquella ventana abierta;
cerrada desde hace tiempo,
donde olvidaste una percha
que aún hoy golpea en el alero
los días que sopla el viento.

Allí me paro un buen rato pensando:
que a veces aún te echo de menos;
que olvidé en un cajón
un pañuelo de franela
y aquel libro de poemas que leíamos los dos
aquellas tardes de lluvia
que tomábamos café en viejas tazas de té.

Tú ponías música en francés
y yo te contaba historias de mi niñez.
Te marchaste aquel invierno pero,
cuando paso por allí,
siempre miro para arriba.

El eterno retorno

De nuevo cometí el error.
De nuevo deseé eterno lo que tan solo
era pasajero.
¿Serían pasajeros todos los amores
si fuésemos eternos?

De nuevo cometí el error,
sin pensar que todo en la vida
es camino, olvido, adiós.

Todo es eterno retorno y todo un eterno
        adiós.
Solo el Amor es en sí eterno.
El sentimiento será eternamente
        vagabundo y pasajero.
Solo la vida es en sí eterna.
Las personas serán eternamente
pasajes hacia la eternidad.

Solo el Amor al eterno retorno
hace eterna la eternidad.
LA ETERNIDAD.

La espera

Hace tanto que te espero,
hace tanto que te sueño,
que cuando llegue el día
te miraré largo y tendido
para imbuirme de todos tus detalles:
tu pelo y tus ojos y tu boca; todo tú.

Te escucharé atentamente
para no perderme ni un tono,
ni un acorde de tu dulce voz.

Te saborearé pausadamente
para no dejarme ni un pliegue
de tu piel, ni un recodo de tu ser.

Y luego,
te acariciaré suavemente
como a un vidrio delicado
dibujando un laberinto
que sale de tu boca
y llega a tu boca.

Entonces sí: te besaré lentamente
como si quisiera poco a poco
y con los ojos cerrados

retornar al origen de la vida misma:
a la oscuridad, a la nada.

Te susurraré al oído
todas las palabras de amor
para que,
se queden grabadas
como un conjuro en tu corazón.

Cuando llegue el día,
antes de: mirarte, escucharte, saborearte,
        acariciarte, besarte y susurrarte,
cerraré los ojos para alargar la espera;
para disfrutar de la certeza
de al abrirlos
ahí encontrarte.

Nada es para siempre

Ni el amor es eterno
ni la amistad es para siempre.

Donde dije: somos almas gemelas,
ahora digo: no te reconozco.
Si un día dije: por supuesto,
hoy digo: no te entiendo.

Un insignificante punto de inflexión
cambia el rumbo de una relación.
Minúscula, a veces: una palabra mal
        entendida,
un gesto inesperado y,
se rompe el hechizo que otrora fue:
camaradería,
confidencialidad,
complicidad.

Diferimos tanto en el tiempo que
ya no sé quién soy, quién eres.
Si rico es quien tiene un buen amigo,
todos seremos pobres de acá en un trecho.
Pues ya se dijo que todo muda con el
        tiempo,

que nada permanece y que la vida es sueño
y frugalidad.

Todos los recuerdos se diluyen como
    una foto mal velada.
Siempre: adverbio de tiempo
    (indeterminado)

Cuando el silencio habla

Ayer te sentí ausente.
Ayer me noté callada.
No dijimos casi nada,
casi lo dijimos todo.
Tan distintos,
tan distantes.

Ni contigo ni sin ti

Nunca me gustó la ciencia exacta.
Nunca me gustó elegir:
entre el blanco y el negro
me quedé con el gris.

Por eso vuelvo a ti una y otra vez
y como las hojas secas me arremolino
en la esquina de tu puerta,
a ver si en algún entrar o salir tuyo
el viento me cuela
un poquito en tu vida.

Entre primarios y secundarios
me quedé con los terciarios.
Siempre preferí tres a dos,
y entre la última y la penúltima
me quedé con las dos.

Nunca pude elegir entre él y tú,
por eso me quedé contigo
pero sueño que estoy con él
cuando me acurruco a tu lado
en las noches frías.

Siguen aquí

Vive conmigo un muerto
al que no dejo que se vaya.

Santiago Vicente Gómez

Tus abrigos se mueren ya de frío
en el oscuro armario aún te aguardan.
Viejas suelas de tus zapatos guardan
tu manera de andar al lado mío.

Me miran al pasar todas tus cosas,
me interrogan, me acusan, me murmuran.
Todavía tu olor, tu voz perduran
impávidas, inertes, silenciosas.

Ningún cajón valdrá con mil cerrojos
para evitar que sigas tan presente.
Guardaré cual tesoro tus despojos

si de mi vida no te quiero ausente.
¿Quién, pues le cerrará, dime, los ojos?
¿Quién, dime?, a tu cepillo de dientes.

EXPULSADA
DEL PARAÍSO

Levántate

Lo terrible es el borde, no el abismo.

Piedad Bonnett

Al borde del precipicio, amiga
agárrate a mí, fuerte.
Si nos despeñamos: juntas.

Que el suelo llegará
y al morder el polvo magulladas y heridas,
nos miraremos a los ojos brillantes de miedo
y en silencio, y tras un rato:
reiremos, bailaremos, beberemos,
cantaremos otra vez más y como nunca.

Celebraremos la vida,
la de los no elegidos.

Más fuertes, más hermosas
porque, aunque no podemos volar,
hemos aprendido a caer.

(Tuviste que caer tú
para que me levantase yo).

La muerte es para siempre

Mi madre ha muerto.
No, no ha fallecido,
ha muerto.

No me gustan los eufemismos:
intentan suavizar el significado de
        las palabras.
Fallecer es como... morir un poco,
como no morir del todo.

Y cuando uno muere,
muere completamente;
para siempre.

No se volverán a encontrar mis ojos
        con los suyos.
No volverá mi voz a modelar la melodía
        de su nombre.
Jamás volveré a deleitarme con el aroma
        de su cuello:
cálido, sedoso, dulce.
No volveré a ser la que fui con ella,
porque esa, también ha muerto.

Tu muerte adelantó la primavera

Huele a nostalgia, huele a humedad.
Entre jirones de nubes oscuras
la luna mojada corre de aquí para allá.

Huele a nuevos anhelos, a hierba fresca
a recuerdos,
y el silencio cubre desde que te fuiste
el espacio donde ya no estás.

Noche impregnada de aromas
nada más que marchaste
la primavera comenzó a hablar.
Como si al entrar en la tierra
tú, tan fértil, Madre,
hubieses tocado el ciclo de la vida.

La palabra Madre adquiere en ti todo su
                significado,
todo su esplendor. ¡Diste tanta vida!
Tu muerte adelantó la primavera
y hoy mis lágrimas resbalan
                                cual
                                        llovizna
                                                de
                                                        mayo.

Error

Mi único dios fue mi Madre.
Mi Infancia mi patria.
El paraíso la Juventud y
el resto de mi vida:
huérfana y apátrida y sin dios.
Avocada a un ateísmo forzado
y expulsada del paraíso.
Sin embargo:
me creí dios y volví a crear vida.
¡ERROR!

Viento idiota

No hace falta ser el hombre del tiempo
para saber de dónde sopla el viento

Bob Dylan

Septiembre muere en una tarde oscura
    de fantasmas.
El viento me trae restos del naufragio
que aún yace en el fondo de mi alma
y algunas noches llena mi cama
de lágrimas saladas.

¿Qué murmuras viento?
Todo lo llenas de presentimientos,
profecías, amenazas y
tañe a muerte una campana.

Creo escuchar tu risa,
vuelvo a leer tus cartas,
intuyo tus gestos y miradas.
¿Me has llamado?

Solo fue el viento, ¡idiota!
Un viento idiota
que arrastra las hojas secas,
errantes,
desde tu calle
a mis pies.

Aquellas noches

Que la vida iba en serio
uno lo empieza a comprender más tarde.

Jaime Gil de Biedma

No.
Aquellos días y aquellas noches,
en los que (como a la Maga de Cortázar)
la única ropa que nos quedaba bien
era la libertad, no volverán.

Éramos jodidamente jóvenes,
asquerosamente bellos,
tremendamente inocentes.
Ingenuos y,
rabiosamente felices.

Niños ricos de papá
jugando a ser malos,
rebeldes.
Hijos de obreros
soñando que podíamos
cambiar el mundo:
ser únicos, amados, felices.

Descubrimos el placer
como única patria posible

embadurnados de humo y cerveza
en catedrales
que ardían al son de
nuestra única ideología:
el *rock and roll*.

Todavía no estábamos intoxicados
por sentimientos bajos como
la codicia o la envidia.
Por ideologías vacuas.
Todavía no habíamos llegado a la ciénaga
        de la vida adulta.

Conjugábamos en presente
porque apenas teníamos pasado y,
sin aún saberlo,
éramos todo futuro.
(La muerte todavía no estaba en nuestros
        planes).

No.
Aquellas noches
que para Benítez Reyes
debieran ser la vida
(que fueron la vida)
no volverán.

Instante de frontera

En este preciso instante del alba,
justo en el momento en que la noche
comienza a tornarse día,
y la madre Eos se rasga en una paleta
de grises lánguidos e imposibles.

En este momento de frontera,
en que la vida se detiene un rato
en su cabalgar incesante,
justo en este lapsus entre el ayer y el hoy
con los ojos llenos de sol,
de un sol que se anuncia
tiñendo de bermellón el horizonte e,
intentando escrutar una respuesta
        en el caos,
en el antes,
en el estadio primigenio del cosmos,
pienso que:
ahora mismo podría echarme a un lado.

Bajarme de este tren que,
solo una vez al día,
hace esta breve parada en el apeadero
        del tiempo.

Ahora nada acucia,
da igual lo que pasó y,
lo que pasará,
aún está por llegar.

Esta tregua me deja descansar un rato,
anestesiando un poco mis resquemores
antes del,
otra vez frenético,
comenzar a nadar contra corriente.

Y pienso:
sí, ahora podría ser.
No en vano son muchos los que expiran
        y parten
en este justo momento.

Volaba hasta cuando dormía

Tenía tanto miedo de perder el tren
de la vida,
que cogió el primero que salió y
descarriló a los tres kilómetros
de la salida.
Como los vencejos:
Volaba hasta cuando
dormía.
¡Pobre Ícaro!

Dos décimas de miedo

Gran llamarada de hielo.
El abismo tras la puerta.
Algo que te hace estar alerta
con roce de terciopelo.
Un pellizco de desvelo,
las palabras en tropel,
rasgar lo escrito en el papel.
Miedo a ser un mal aedo,
a que me falle mi credo,
miedo al abril más cruel.

Un incendio de silencio.
Un torrente de cortisol
o mis miembros en formol.
Incapaz hoy me sentencio
impotente me evidencio.
Miedo a la muerte: locura.
Miedo a la vida: cordura,
también la envidia y los celos
son atávicos miedos
y errónea conjetura.

Aún puede ser peor

Me da miedo asomarme al acantilado
    de la vida.
Me da miedo que una terrible ola vuelva
    a lamer mis aledaños.
Me da miedo pensar:
que aún puede ser peor.

Nada

Adorando a Cronos
las saetas avanzan frenéticas
musitando su letanía:
segundos, minutos, horas, días.
No respetan los ritmos naturales del tiempo.
El de Kairós: el de lo vivido, el de los
      instantes únicos,
el de la propia experiencia,
el que pertenece solo a nuestra memoria.

Para la Efímera un día es toda una vida,
dos, tres a lo sumo para la flor Pasionaria.
La Dama de noche florece y muere en
      unas horas
pero el ser humano alarga años su agonía
agarrándose a la vida
como temiendo partir antes de tiempo,
encapsulándolo en una esfera:
segundos, minutos, horas, días.
Tiempo.

La electricidad retó a la oscuridad,
e inventamos palabras para no perdernos
      en la noche:

ayer, ahora, luego, después, más tarde.
Aun sabiendo que un día
los relojes estallarán, las esferas arderán y,
todo será ya tiempo vivido:
Nada.

Domamos el fuego
pero no previmos el incendio.

Domamos el agua
pero ella no entiende de cauces.

Enterramos en el mar nuestras miserias
pero la bajamar devuelve y escupe
nuestros peores temores.

Creemos robarle tiempo al tiempo
pero es él quien, sigilosamente,
nos lo arrebata todo.

Ruinas

Rostros ajados
cuerpos amputados
ventanales cansados de golpear al viento
de hoy,
contando retazos de una vida
de ayer,
y a la vez, rogando clemencia, hastiados,
pidiendo un fin.

Muestran desnudas
lo que fueron y,
me despiertan una curiosidad por la vida
que antaño hubo en ellas y
en sus detalles busco: anhelos y rutinas
de quienes un día moraron lo que hoy
        son solo:
ventanas y puertas que se abren desde
        el vacío,
desde la nada en un gesto desesperanzador,
catártico.

Intuyo caricias y pasiones;
veo infancias y emociones;
presiento lágrimas y frustraciones
y duelos.

Adivino la luz hiriente del amanecer
y la del atardecer, cálida,
caldeando sus estancias.
Percibo olores de otros tiempos y
escucho tonadillas antiguas allí,
donde un día se tejía la vida.

Pero todo se lo tragó el olvido
y solo quedan, en algún caso, trozos
      de fotos
colgando de las paredes.
Perdidas otras, en vertederos o rastrillos
junto con muebles
que hoy exhiben su orfandad y su exilio
a paseantes curiosos que solo ven:
una cómoda con posibilidades
cuando en verdad fue el tesoro de una novia
que guardaba su ajuar cuidadosamente
      trabajado
a punto de cruz
y bordados con festones.

Todo se lo tragó la maleza.
Mientras,
la vida afuera continúa, ajena,
como cuando alguien muere.

Invisible

A ras del suelo.
Así es como ve Alicia pasar la vida.

Imagínense un plano corto, estrecho;
de aquellas películas antiguas, donde,
solo ve pasar un trasiego de piernas
para arriba y para abajo.
Incesante.
Sentada en un portal de cualquier
calle, de cualquier ciudad.

No sabe de calendarios, ni de horarios.
Atiende al rumor de la ciudad
que nunca cesa, y al cielo sempiterno.
A las rutinas de los que no la ven
o parecen no verla
porque incomoda mirarla
a esos ojos lapislázuli
que casi no parpadean,
ni se inmutan.
Ensimismada,
ausente.
Esquirla de la sociedad.
Árbol caído.

Una silueta borrada de una foto fija
al lado de un platillo de latón donde,
como una penitencia, depositamos
alguna exigua moneda que creemos
purgará nuestros pecados.

Cada vez más pequeña,
diminuta.
Invisible pero
expuesta siempre.
Sin una puerta que cerrar.
Sin una cama que abrir.

Afuera sigue la guerra

Te veo varado en la orilla
como un cachalote herido.

Te trajeron aquí las mismas aguas
que un día se llevaron a tus ancestros
en barcos llenos de esclavos.

Y tus ojos:
tan tristes, tan oscuros, tan profundos,
	tan sinceros,
guardan un dolor atávico que empaña
	tus pupilas
y nos recuerda:
lo que somos, lo que fuimos
allá en la noche de los tiempos.

Me miras y una luz hace vibrar
tus iris porque ves en los míos:
verde campo de trigo
y amapolas y azul horizonte y nubes
	esponjosas y
bello volar de aves.

Pero afuera sigue la guerra;
tu guerra, la desesperación.

La de los que nadan hacia una orilla que
    no les pertenece.
Porque ahora las orillas tienen nombre
    y dueño
y ya no sirven para llegar.

De los que esperan algo que comer.
Porque la comida ya no es un derecho
sino una posibilidad.

De los que habitan en tierra de nadie,
porque la tierra ya no es para quien en
    ella nació
sino para quien la invade.

De los que tienen que defender su color
porque unos colores son más dignos que
    otros.

Entonces también una sombra empaña
    los míos.

Blues

Tu voz guarda todos los colores:
el blanco de los campos de algodón,
el negro de las minas de carbón
y el azul que dejan los desamores.

Guarda tu voz el llanto de la raza,
matices de primitivos fonemas,
ecos del arrastrar de las cadenas
y el ronco grito tras la cruel mordaza.

Suena a bosque un día de tormenta
en la caverna al crepitar del fuego
una noche estrellada y violenta

que silenciosa avanza en su trasiego
girando la bóveda oscura y lenta
y el animal empieza a ser un ego.

Volver a casa

Llueve.
Esta música eurítmica sobre el tejado
hace que siempre me duerma con una
    sonrisa en los labios.
Escuchándola hecha un ovillo, en una
    calidez casi fetal.
Pero eso era en mi otra vida. Y, no.
No es que me haya muerto y me haya
    reencarnado.
Todavía no.
Esta noche escucho la lluvia caer sobre
    una uralita que no produce música,
sino un sordo repiquetear: duro,
    ensordecedor, proceloso.
Arrebujada en un saco de dormir sobre un
    jergón improvisado,
pienso que esta noche también lloverá
    sobre mi casa, o lo que queda de ella.
Sobre mi cama hecha jirones,
sobre mis libros, humedecidos y
    desmembrados;
sobre los manteles bordados por mi madre;
sobre el barco que una vez metió mi
    abuelo en una botella y
que hoy navegará a sus anchas por las
    habitaciones inundadas

sorteando los escombros.
Estoy en un lugar de frontera,
esos límites que nunca se sabe a quién
        pertenecen,
caminando para adelante pero mirando
        atrás.
Mi corta vida tejida con esmero, puntada
        a puntada
se ha enredado y se ha hecho una
        maraña de nudos.
Quiero volver a casa, allí donde nací.
Me siento como una niña a quien acaban
        de pisotear sus figuras de plastilina.
Expulsada del paraíso.
Y mientras oigo, que no escucho, la lluvia
        caer,
entre llantos y plegarias de ancianos,
maldigo a aquellos para quienes
        mis sueños y anhelos son algo
        anecdótico.
Maldigo sus discursos llenos de
        eufemismos
que llaman a la guerra conflicto armado,
        acción geopolítica.
Los maldigo: enfermos de proclamas
        y siglas;
henchidos de banderas y fronteras.

Han sembrado la peor de las semillas:
    la del odio,
que florecerá fuerte en campos abonados
    de sangre.
Quiero que la lluvia me ayude a dormir
    entre este mar de llantos
y silencios y miradas perdidas.
Que mañana cuando despierte
descubra que los escombros y las nubes
    de polvo
y el estertor de las bombas y los llantos
    de niños y las plegarias de ancianos,
fueron un mal sueño.
El peor de los sueños.
Cierro los ojos y recuerdo que,
antes de salir de casa, arengados por el
    ruido de una sirena,
mi bolsa de enseres tropezó con la
    estantería de la entrada e hizo caer
la botella con el barquito, que con tanta
    delicadeza y esmero ensambló
    mi abuelo.
También a él lo dejamos atrás, como a
    todos nuestros muertos.
Ni siquiera ellos están a salvo de esta
    barbarie.

Leteo

Soy un río de piedras
en su cauce detenido.
Un manantial fluyendo en seco,
un torrente de silencio.
Soy una corriente de ancestrales sedimentos
eternamente muda.
Soy, ilusión de caudal
los días de lluvia.

Dios no existe

God doesn't exist,
otherwise, s/he would help me.

HIJA DEL CARBÓN

Hija del carbón

Soy hija del carbón.
Por eso huelo a humo y
tengo la mirada tiznada de negro.

Mi padre me traía del fondo de la mina
caracolas de piedra.

Yo creía que el mar era un lugar muy
      oscuro,
y que mi padre era marinero entre olas
      negras.

Si un día mar y bosque de árboles
      milenarios,
hoy galerías estrechas, asfixiantes,
      mortales
guardan caracolas de piedra
y mosquitos de ámbar.

Los pasos de mi padre
estaban llenos de ceniza.
Soy hija de las entrañas
de la tierra.
Soy hija del carbón.

Mis pasos también están llenos de ceniza.

Siempre vuelven

Ya están aquí:
los aviones, los vencejos
las golondrinas.

Entran y salen a los aleros
vuelan, se persiguen, se acercan, se alejan
como recién salidos al patio de recreo.

Anuncian el calor,
las tardes infinitas,
los días sin escuela,
los lirios y las amapolas en flor.

Me recuerdan que cuando muy niña
me tapaba los oídos
para ver cómo se movían
surcando el cielo,
ahora tan arriba
que apenas los veía;
luego muy abajo se venían,
gozosos,
como jugando al pilla pilla.

Nos traían primero los leotardos,
luego los calcetines de perlé

con calados hasta la rodilla.
Pero no era hasta San Juan
que nuestras carnes —aún infantiles y
    blancas—
recibían con anhelo la caricia del sol
y experimentaban una pulsión
que, cual epifanía de la vida adulta,
nos hacía presentir ya otro verano,
el que vendría años después
—no muchos—
a nuestras vidas.

Un viejo columpio oxidado

Escucho el chirriar
de un viejo columpio oxidado
y, entre nebulosas
y visillos blancos,
al viento,
me despierta una retahíla,
olvidada y pegadiza.

Los mofletes colorados
las sonrisillas contenidas
las palabras que se enredan
entre los dientes rotos.

Luces y sombras de
habitaciones en penumbra.
Pasillos que se alargan y se estrechan
y te ahogan.

Tiempo sin horas,
días eternos sin dueño.
Solo ahora, solo ya.
Fantasías y miedos y anhelos.
Preguntas sin respuestas,
verdades indudables.

Mentiras piadosas, castillos en la arena
y sol en los ventanales.
Pequeños tesoros guardados en cajas
        de latón.

Escucho el chirriar
de un viejo columpio oxidado,
que se balancea arriba y abajo.
Vacío.

Tejer palabras

Escribo porque no puedo evitar hacerlo.
Una vez la tinta manchó mi piel,
me impregnó y se extendió cual veneno
sin remedio por toda mi sangre.

Desde el mismo momento
que aprendí a tejer unas letras con otras y,
apareció mi nombre,
tomé conciencia de quién era y
empezó a forjarse mi identidad.

Punto a punto.
Letra a letra.
Escribir.
Tejer y dar forma al pensamiento.

Con lana sobre la urdimbre tramas
        imágenes.
Con letras tejes palabras,
pensamiento y,
le das forma a la vida.

Y a la vez que tejes,
destejes otras vidas urdidas antes que
        la tuya.

Infinitas en significante y significado
en contenido y continente.

Aunque es verdad que, a veces,
las mayúsculas se me enredan en las
      cuerdas vocales
y las tildes me arañan la garganta
arrancándome pequeñas gotas de sangre
que vomito en forma de alejandrinos
de liras, silvas, octavas reales,
cuadernas vías.

Una sola palabra

Miro por la ventana y, ahí estás;
solo tengo que ponerte en palabras.
Poesía:
la lluvia que cae tímida, sobre los tejados
  lechosos,
como si le doliese mojarlos.
El cielo plomizo achicando a las aves que,
mojadas, ralentizan su volar.

Salgo al campo y, ahí estás;
solo tengo que agudizar mi olfato.
Poesía:
el *petricor*, y el aroma de los chopos
  mojados,
y el céfiro
que me transportan a un tiempo pasado,
pero que fue.

Me asomo a la noche y, ahí estás;
solo tengo que abandonarme a tu
  inmensidad.
Poesía:
el conticinio que me arrulla
en soledad.
La otredad del bardo
buscando su monte Parnaso.

También el miedo,
y la fealdad del mundo
y el silencio
y los recuerdos
y la muerte.
Sí, también la muerte es poesía.

Una palabra.
Una sola palabra.
Solo tengo que buscarte
y, una vez hallada,
dejarte libre para que te estires
y acabes en verso.

Plural mayestático

Bendito seas José Hierro
que estás en los mares
o con aquellas ballenas
varadas en las playas
acariciándoles con tu voz atronadora
sus ajadas pieles.

Como tú bien decías:
no me tildéis de prepotente,
pues humilde soy.
Pudiera parecer que mis versos
solo hablan de mí,
más no os engañéis,
cuando hablo de mí
no solo es en mi nombre
sino en el vuestro.
Ese YO, ese MÍ
no es otra cosa que un NOSOTROS.
Un TODAS y cada una de esas almas
mordidas por la melancolía que
buscan en la poesía una manera
de purificarse, de entenderse,
de encontrar en unos versos
una verdad que —en verdad—
no existe.

Como dijo Galdós, soy nada más que:
un triste pensador de cosas pensadas
    antes por otros.
Pero me empeño en devolverlas
con otros colores, otros tonos
otros acordes.
Palabras, palabras, palabras.
Y nada más —¿nada más?—.
Hila que te hila.
Teje que te teje.
Esperando la llamada del poema
—como dijo Ángel Guinda—.
Y en el telar aparece el paisaje
a veces lleno de nudos.
Los míos y los vuestros.
Un mar, un cielo, un campo de trigo,
un abril terrible.
Con este YO mayestático —imposible en
    gramática—
repito cual mantra:
que todos tenemos los ojos
llenos de muertos;
que todos recordamos
el primer amor;
que nadie entiende este
hacerse visible —temporalmente—

para luego acabar en el olvido;
que todos hemos tenido
una fuente
y un camino,
y una luna gitana,
y un caballo
que siempre iba a tu puerta.

La vida es como el mar

siempre igual pero siempre diferente.
Un día y otro día,
una ola y otra ola.
Adormece la rutina cual rumor del oleaje
o de una caracola.

Siempre las mismas nubes
idéntica lluvia, distintas flores
que yo sigo mirando
con ojos de niña.
Por eso escribo sobre cosas sencillas
pues ya trataron los maestros las grandes
        empresas:
el paso del tiempo y la muerte y el olvido,
el amor y el desamor y la traición,
y en medio de todo: la vida.

Yo escucho la llamada del olifante
y presta me aferro a la plegaria de
        la pluma
sangrando sobre el papel
solo ataviada con ojos y oídos y piel.

Ahora sí

Fuera de ti no esperes encontrar
lo que dentro de ti nunca has buscado.

Ángel Guinda

De repente un día
me di cuenta de que tenía cincuenta
	y tres y
que había pasado por la vida de puntillas.

Y de pronto:
empecé no solo a ver
sino a mirar,
con detalle y atención lo que ante mí
	acontecía.

Y me di cuenta:
de que había consumido dos tercios de mi
	vida y,
que a medias había vivido;
y por eso hoy concluyo en:
vivir el tercio que me queda observando
	minuciosamente
cada nube,
cada ave,
cada flor;
como si fuese la primera que veo

porque bien pudiera ser la última.
Y entonces:
decido comenzar a caminar lento y
hacer las cosas sin prisa.
(La prisa es un invento capitalista para
        que seamos
más productivos, más rentables).

Y ahora:
empiezo a sentirme por dentro y
a oír mi respiración y
a escuchar esa voz tanto tiempo acallada
        por el ruido
que me dice:
ahora sí,
ahora eres tú.

Autorretrato a lo Gloria Fuertes

No me gustan los números pares
nunca dejan un cabo suelto del que seguir
	tirando,
en cambio los impares
siempre dejan una puerta abierta:
a la esperanza a la ilusión.

Entre rectas y curvas
me quedo con las últimas.
El viaje es más divertido,
menos monótono.

¿Mayúsculas o minúsculas?
Todo depende de si *GRITAS* o
solo *murmuras*.
Qué contradicción: en la asimetría
	encuentro el equilibrio
 y me pierdo en la perfección.

Me gustan las cosas sencillas, pongamos:
las piedras, las minas de lápiz, las cajas
	de latón;
los mapas antiguos, el canto de un gallo,
el olor de mi madre a sábanas limpias,
blancas, de algodón.

Me da miedo la noche,
la indecisión.
Los ojos que no dicen nada y,
si me abrazas, que sea con candor.
Me gusta dormir como un lirón, y reírme
        sin ton ni son.
Mirar el cielo y las nubes, oír el murmullo
        del agua,
sin duda, la mejor canción.

Los días de lluvia me calman
solo abro el paraguas si arrecia,
y entonces, y si me mojo,
me tiendo al sol y espero a que salga
        el arco iris
o alguna flor.

Abismos de silencio

Cae la noche
pausada y suave y lentamente.
Poco a poco reina la oscuridad
sobre el pueblo desierto
que parece dormido y,
tal vez lloverá.

Lloverá y con su murmullo
matará el silencio y acariciará la noche
con su dulce humedad.

Como la más afable caricia
roza mi alma la soledad
que se regocija en la paz
huyendo del ruido mundanal.

Danzan las sombras y el aire me parece
        besar
como mi más fiel amante y en ese
        instante
todo calla y habla mi espíritu:
¡quién hizo un reproche!
¡Quién maldijo la Soledad!
¡Quién odió una cárcel,
si jamás supo de Libertad!

Mi alma es ya pura poesía
se crece y florece,
olvidando deseos, sentimientos, osadía,
y poco a poco se queda vacía.

Ya, nada veo.
Ya, nada siento.
Solo callo y me envuelvo,
en este abismo de silencio.

Acróbata

¿Cuándo empezamos a mostrarnos,
no como somos
sino
como creemos que los demás quieren
o les gustaría que fuésemos?

¿En qué momento dejamos de ser
para estar?
¿Cuál es el punto de inflexión
en que comenzamos
a temernos
a disgustarnos
a detestarnos?

¿Cuándo dejamos de vernos bellas
y empezamos a esconder las arrugas
las canas y las ojeras?

¿Cuándo comenzamos a ser menos una,
y más esa —el prototipo—
que dictan los mercados y
los manuales de belleza?

¿Cuándo dejé de ser yo
para convertirme en esta imagen
distorsionada de mí
que ahora me devuelvo?

Acróbata, siempre buscando el equilibrio.

Tiempo de otoño

Es tiempo de soltar,
arrancar si es preciso.

Dejar marchar.
Devolver a la tierra
lo que es de la tierra
y un día nos dio.

Sacar a todos los muertos
de los armarios
donde yacen envueltos
en bolas de alcanfor.

Abrir bien los ojos para dejar
entrar el viento
y que barra aquellos atardeceres
que se nos quedaron enredados
en las pestañas.

Gritar hasta la afonía
osando pronunciar todas las palabras
que, pegadas a las cuerdas vocales,
duelen al tragar
dejándonos famélicas,
mudas.

Es tiempo de que caigan los miedos,
pero sin prisa:
como se dan la hojas al aire,
que ya llegará la lluvia y convertirá el paisaje
en un confeti otoñal.

Sí.
Es tiempo de lluvia;
pero no dejemos que llueva sobre mojado.

Balada de invierno

Tengo la sensación
de que he perdido todos los trenes,
o lo que (no) es lo mismo,
que los dejé marchar.
Pero por suerte o por desgracia,
los que no cogí
son —precisamente—
los que me trajeron aquí.

A este invierno que recién
ha estrenado sus más largas
sombras para decirme que:
recogidos ya los frutos,
es tiempo de morir.

De preparar la tierra,
de labrar, sembrar, gestar,
guardar y macerar para
renacer en primavera.
Ahora es tiempo de lumbre.
De sentarse junto al fuego y
dormitar, para escucharse,
para mirarse por dentro,
para reflexionar,

para lamerse las heridas
—si las hay—
cosiéndolas con hilos de escarcha.

¡Qué descubiertos quedaron
los nidos!
¡Qué abiertas de las ruinas
las ventanas!
Vuelven las sempiternas heladas
vuelven siempre las aladas.

Y heme aquí
mirando esta tierra
que ahora parece baldía
pensando que siempre llego tarde a todo
y que no será suficiente una sola vida.

Será abril

Brota la vida a borbotones
a pesar de todo y una vez más,
pero nosotros egocéntricos humanos
creemos que no hay otra verdad
que la que tenemos en nuestras manos.

A pesar del cambio climático y la sequía,
de los políticos y las guerras,
de la campaña electoral y mis problemas,
de tu colesterol y mi apatía.

A pesar de la creciente intolerancia
y mi consiguiente frustración.
De la subida de la luz, del mundial apagón,
de la contaminación y la desidia.

A pesar de los cadáveres olvidados
volarán sobre ese mar los vencejos
        y golondrinas
volviendo —también una vez más—
al nido primero que las vio volar y migrar.

A pesar de todo será primavera
y otra vez y como nunca
cruel o no, hostil o gentil,
será abril.
La vida no espera.

Somos bosque

Todo un bosque cabe en un árbol,
cada nube cobija una tormenta,
los muros de una iglesia están llenos
        de plegarias,
se intuye el océano en una gota de lluvia.
En un niño está toda nuestra inocencia.
Los mares están llenos de ríos,
el viento de palabras,
y un hombre —un solo hombre—
alberga toda una guerra
y es, día a día, campo de batalla.

Libertad

Tener todo nada teniendo.
Ser alguien siendo nadie y
seguir adelante sabiendo
que de paso estamos
muriendo a cada instante.

Nunca conformarse con marcas blancas,
ser un lobo estepario que exige:
alegría, música, placer y alma.
Osar a beberse toda la vida
cualquier día —llena de horas una tarde—
entre poemas y rimas.

Jamás amoldarse.
No temer a equivocarse y mirar
a la vida cara a cara
sin tener miedo a la muerte
que viene callada.

Atreverse a sentir la caricia de la noche
—desnuda— sin otro traje que no sea
el silencio y la soledad.
Digerir los fracasos,
transformarlos en brillo en los ojos
y en rictus alrededor de los labios.

Huir de la perfección enemiga de la
    felicidad,
del gozo, la paz, la imaginación.
No intentar encajar
ni sucumbir al brillo del oro
y no venderse —a cualquier precio—
por tener favor o fama.
¡Qué gusto da poder y no querer!
Cortarse las penas, dejarse largas las alas
y, tenerlo todo, teniendo nada.

Ajuste de Cuentas

Me pongo una vez más
a cuadrar el libro de
las cuentas de mi vida.

Ardua tarea es el
ponerlo al día;
que todo encaje:
el haber y el debe.
el debe y el haber.

Y siempre el saldo es negativo
a veces —incluso— nulo.

El haber, debiera o debiese;
el hubo, pero ya no habrá.
Debería haber —me digo—, pero...
admito que nunca he sido una buena
        contable.

Parece que la vida siempre nos debiese algo.

Los poetas

Los poetas, las poetas
nos vaciamos en cada verso,
en cada estrofa deshacemos los nudos
    del alma.

Mostramos nuestras miserias,
nos quedamos desnudos:
ante ti
que nos lees,
ante ti
que nos escuchas.

Llenando el blanco del papel,
nos vamos quedando vacíos.

En charcos de tinta llueve nuestra
    desdicha
y nos secamos por dentro
para volver a sembrar, esperando
campo fértil ya:
otra pena, otra desdicha
que seguro lloverá.

Versos sueltos

Dicen que somos polvo de estrellas,
materia sideral.
Y yo lo creo; como también creo
que somos limaduras de poemas,
versos sueltos de un todo más coral
que se buscan desesperadamente
para rimar y crear musicalidad.

Nota de la autora

La literatura, y todavía más si cabe la poesía, nos permite volver a decir todo otra vez. Con su extrañeza y la desviación de la norma, mandamos mensajes en clave, encriptados, que seguro quien los lea descifrará y hará suyos. Mensajes mil veces transmitidos, pero únicos a la vez.

Este poemario podría leerse en clave biográfica, la mía, pero también la vuestra; la de cada lector o lectora que se acerque a estos versos. Cada una de sus tres partes reflejan distintas etapas de nuestra vida y sus versos están llenos de retazos, recuerdos, cicatrices, epifanías, intuiciones y certezas.

Hablan de amor como sentimiento todo poderoso que mueve la vida en nuestra juventud y que va indisolublemente unido a su antagonista: el desamor.

También hablan de la muerte como única consecuencia de la vida y, entre una y otra, hablan de olvido, de desarraigo y de expulsión, pero también de identidades y autoconocimiento.

Por eso, no busquéis nada nuevo en mis versos. Reconoceréis a los maestros de ayer y de hoy, pero eso sí, escucharéis otra voz, la mía: humilde y generosa.

ÍNDICE

7   Prólogo al libro de una poeta de verdad. Nacho Escuín

13   TODOS LOS CAMINOS CONDUCEN A TI, AMOR

      15   Quemar los puentes

      17   Siempre miro para arriba

      18   El eterno retorno

      19   La espera

      21   Nada es para siempre

      23   Cuando el silencio habla

      24   Ni contigo ni sin ti

      25   Siguen aquí

27   EXPULSADA DEL PARAÍSO

      29   Levántate

      30   La muerte es para siempre

      31   Tu muerte adelantó la primavera

      32   Error

      33   Viento idiota

      34   Aquellas noches

      36   Instante de frontera

      38   Volaba hasta cuando dormía

39   Dos décimas de miedo

40   Aún puede ser peor

41   Nada

43   Ruinas

45   Invisible

47   Afuera sigue la guerra

49   *Blues*

50   Volver a casa

53   Leteo

54   Dios no existe

55   HIJA DEL CARBÓN

57   Hija del carbón

58   Siempre vuelven

60   Un viejo columpio oxidado

62   Tejer palabras

64   Una sola palabra

66   Plural mayestático

69   La vida es como el mar

70   Ahora sí

72   Autorretrato a lo Gloria Fuertes

74   Abismos de silencio

76   Acróbata

78   Tiempo de otoño

80   Balada de invierno

82   Será abril

83   Somos bosque

84   Libertad

86   Ajuste de Cuentas

87   Los poetas

88   Versos sueltos

89   NOTA DE LA AUTORA

ESTE LIBRO
SE TERMINÓ DE IMPRIMIR
EN LOS TALLERES GRÁFICOS
DE INO REPRODUCCIONES
DE ZARAGOZA
UNA MAÑANA DE VERANO.
EL SOL ABRASADOR
CEGABA NUESTROS OJOS
PERO, AUN ASÍ, SABÍAMOS QUE,
UNA VEZ MÁS,
ENCONTRARÍAMOS
CAMINOS NUEVOS.